Impressum
Verlag: BABADADA GmbH, Nedderfeld 112 , 22529 Hamburg
Geschäftsführer / Verlagsleitung: Harald Hof
Druck: Books on Demand GmbH, In de Tarpen 42, 22848 Norderstedt

Imprint
Publisher: BABADADA GmbH, Nedderfeld 112 , 22529 Hamburg, Germany
Managing Director / Publishing direction: Harald Hof
Print: Books on Demand GmbH, In de Tarpen 42, 22848 Norderstedt

sukuu
學校

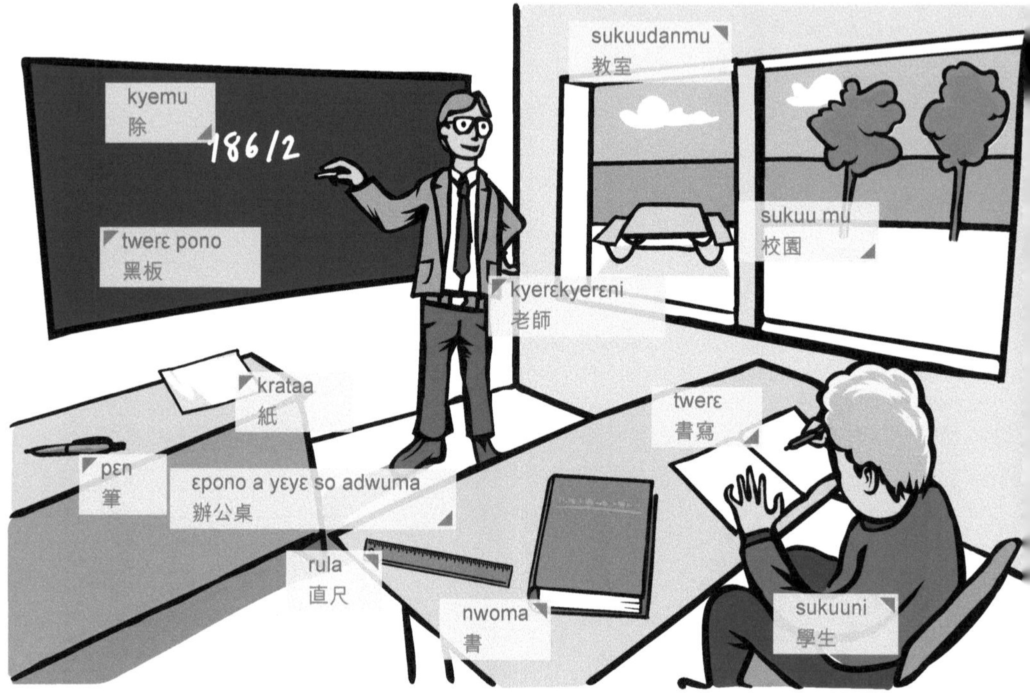

186/2
kyemu
除
twerɛ pono
黑板
sukuudanmu
教室
sukuu mu
校園
kyerɛkyerɛni
老師
krataa
紙
twerɛ
書寫
pɛn
筆
ɛpono a yɛyɛ so adwuma
辦公桌
rula
直尺
nwoma
書
sukuuni
學生

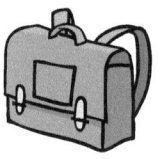

baage
書包

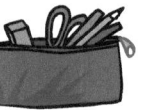

twerɛdua konko
鉛筆盒

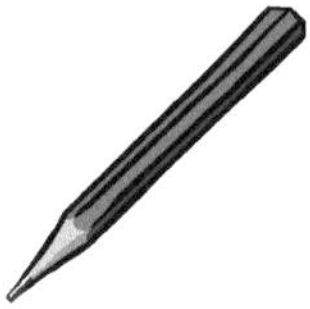

twerɛdua
鉛筆

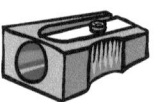

deɛ yɛde sensen twerɛdua ano
削鉛筆機

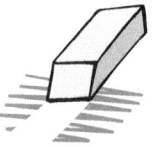

rɔba
橡皮擦

krataa a yɛdwi adeguso
畫板

adedwie

圖畫

penti brɔhye

畫筆

penti adaka

顏料盒

apasɔ

剪刀

aman

膠水

nwoma a yɛyɛ mu adwuma

練習冊

efie adwuma

家庭作業

nɔma

數字

kabom

加

te fri mu

減

mmɔho

乘

sese

計算

lɛtɛ

字母

ntwerɛeɛ

字母表

asɛmfua

字

ntwerɛdeɛ

課文

kenkan

讀

kyɔk

粉筆

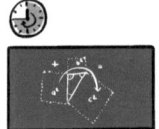

adesua

上課

twerɛ wo din

登記

nsɔhwɛ

考試

abodinkrataa

證書

sukuu ataadeɛ

校服

adesua

教育

nyansa nwoma

百科全書

suapɔn

大學

maakroskop

顯微鏡

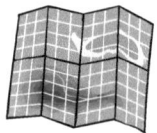

map

地圖

kɛntɛn a yɛde krataa nwura
gu mu

廢紙簍

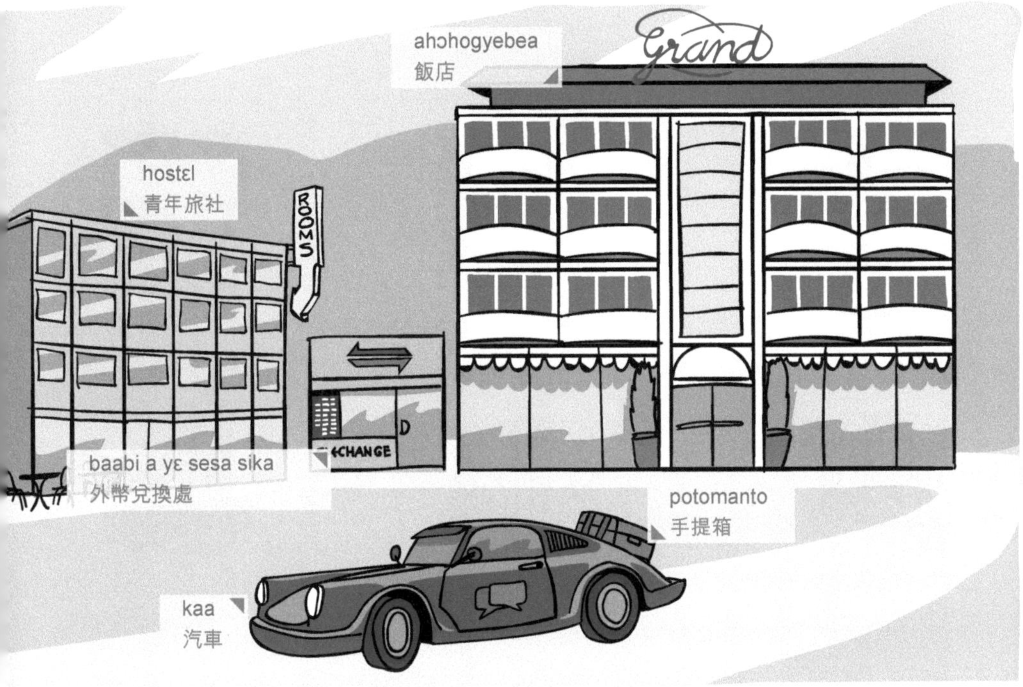

ahɔhogyebea
飯店
Grand
hostɛl
青年旅社
ROOMS
baabi a yɛ sesa sika
外幣兌換處
CHANGE
potomanto
手提箱
kaa
汽車

kasa
語言

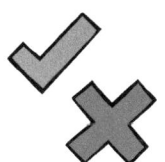

aane / dabi
是/否

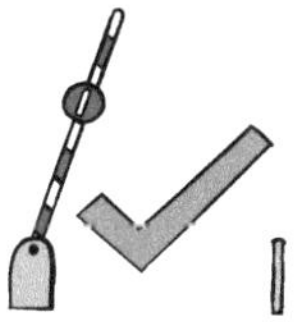

Yoo
好的

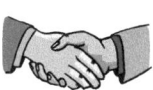

hɛlo
您好

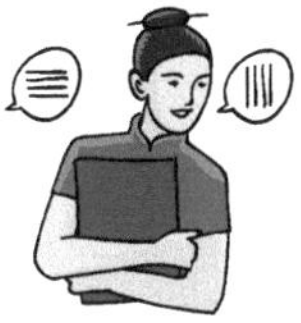

kasa asekyerɛfoɔ
翻譯人員

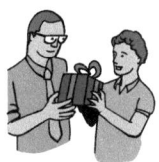

Medaase
謝謝

...boɔ yɛ sɛn?

......多少錢？

Me nte aseɛ

我不明白

ɔhaw

問題

Maadwo!

晚上好！

Maakye!

早上好！

Dayie!

晚安！

baibai o

再見

akwankyerɛ

方向

wo nneɛma

行李

bɔtɔ

包

akyirebɔtɔ

背包

ɔhɔhoɔ

客人

danmu

房間

bɔtɔ a yɛda mu

睡袋

ntomadan

帳篷

nsɛm dema wɔn a wɔkɔ nsrahwɛ

旅行資訊

mpoano

海灘

kaade a yɛde yi sika

信用卡

anɔpa aduane

早餐

awua aduane

午餐

anwumerɛ aduane

晚餐

tiket

票

pegya

電梯

stamp

郵票

ɛhyeɛ so

邊界

kutɔmfoɔ

海關

embasi

大使館

visa

簽證

passpot

護照

akɔneabadie
交通運送

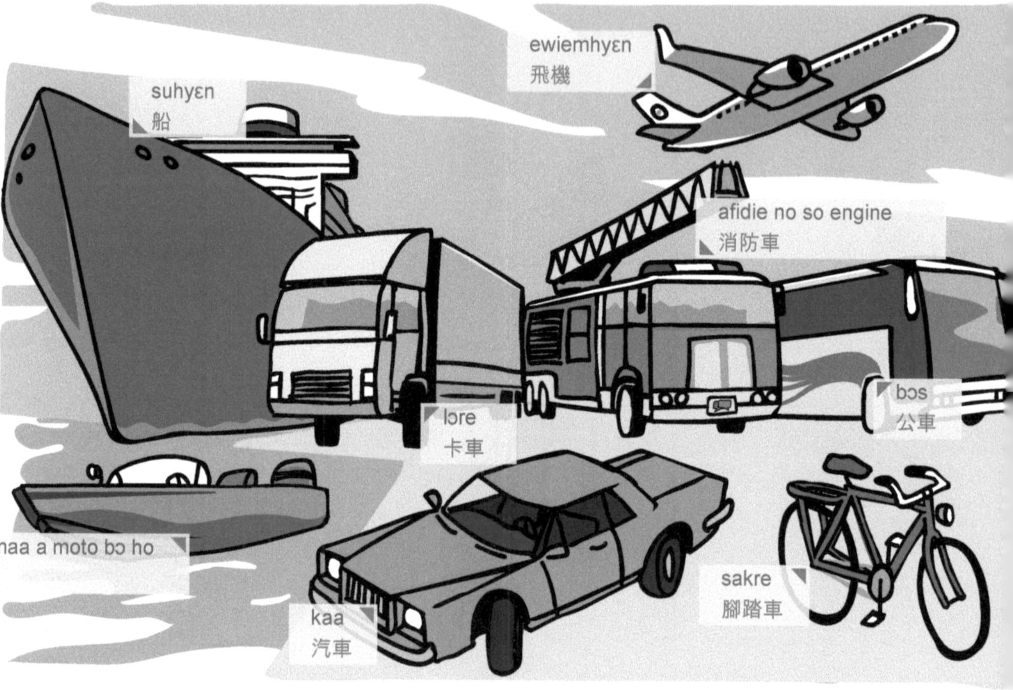
ewiemhyɛn
飛機
suhyɛn
船
afidie no so engine
消防車
lɔre
卡車
bɔs
公車
maa a moto bɔ ho
sakre
腳踏車
kaa
汽車

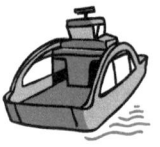

hyɛma

渡輪

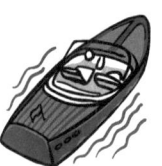

suhyɛn kumaa

小船

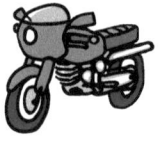

motosakre

機車

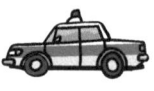

polisifoɔ kaa

警車

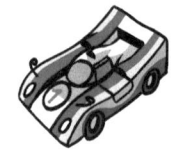

kaa a ɛkɔ mirika akansie

賽車

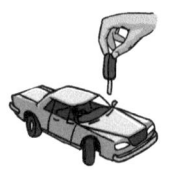

kaa a yɛde ma ahan

租車

wɔre kyɛ kaa

拼車

lɔre a asɛeɛ

拖車

bɔɔla kaa

垃圾車

moto

馬達

pɛtro

汽油

baabi a yɛbu pɛtro

加油站

trafik ahyɛnsodeɛ

交通標識

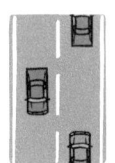

trafik

交通

trafik akye

交通堵塞

baabi a yɛde kaa esi

停車場

keteke gyinabea

火車站

keteke kwan

軌道

keteke

火車

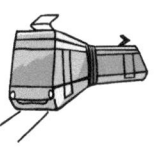

tram

路面電車

ponkɔ kaa

客車廂

helikopta

直升機

ewiemhyɛnbea

機場

abansoro

塔

apasingyani

乘客

tontowa

集裝箱

adaka

紙板箱

kaate

手推車

kɛntɛn

籃子

atu / asi fam

起飛/降落

kuro kɛseɛ

城市

akurase

村莊

kuro dwaberɛ mu

市中心

efie

房子

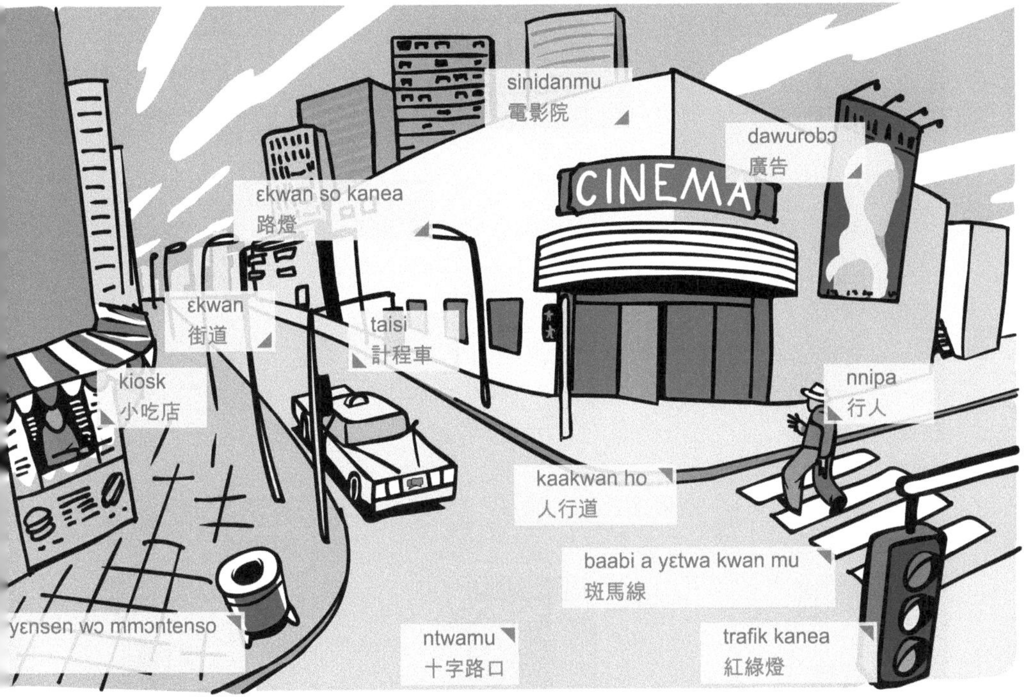

sinidanmu
電影院
dawurobɔ
廣告
CINEMA
ɛkwan so kanea
路燈
ɛkwan
街道
taisi
計程車
kiosk
小吃店
nnipa
行人
kaakwan ho
人行道
baabi a yɛtwa kwan mu
斑馬線
yɛnsen wɔ mmɔntenso
ntwamu
十字路口
trafik kanea
紅綠燈

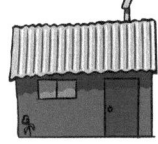

apata

小屋

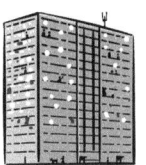

efie

公寓

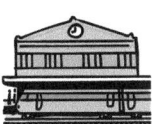

keteke gyinabea

火車站

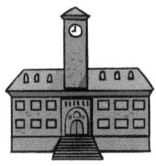

adwaberɛm

市政廳

MUSEUM

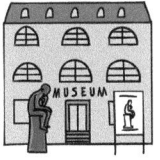

bea a yɛ kora tete nneɛma

博物館

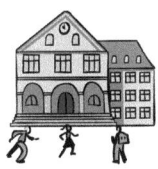

sukuu

學校

suapɔn

大學

sikakrobea

銀行

ayaresabea

醫院

ahɔhogyebea

飯店

famasi

藥房

asoeɛ

辦公室

sotɔɔ a wɔtɔn nwoma

書店

sotɔɔ

商店

baabi yɛtɔn nhwiren

花店

sotɔɔpɔn

超市

edwam

市場

sotɔɔ kɛseɛ

百貨商店

baabi a yɛtɔn mpataa

魚店

dwadibea kɛseɛ

購物中心

suhyɛn gyinabea

海港

baabi kaa gyina

公園

bɛnkye

長凳

ɛtwene

橋

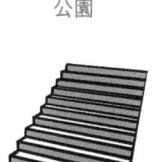

atwedeɛ

樓梯

asaase ase

捷運

ɛbɔn

隧道

baabi a bɔs gyina

公車站

nsanombea

酒吧

adidibea

餐館

lɛta adaka

郵筒

ɛkwan so akwankyerɛ

路標

baabi kaa gyina ho mita

停車計時器

zoo

動物園

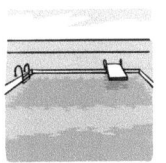

nsuo a yɛ dware mu

游泳池

nkramodan

清真寺

afuo

農場

dɛɛ egu mmɔnten so fi

污染

asieɛ

墓地

asɔre

教堂

agodibea

操場

asɔre dan

寺廟

mmɔnten so asiesie

地形

ahaban
樹葉

sanbɔd
指示牌

kwan
路

asaase a ɛsere wɔ so
草地

boba
石頭

dua
樹

ɔnantefoɔ
徒步旅行者

asubɔnten
河

ɛserɛ
草

nhwiren
花

amenamu

峽谷

bepɔ

丘陵

tadeɛ

湖

kwaeɛ

森林

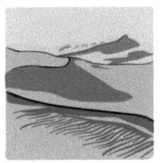

ɛserɛ so

沙漠

egya a efri botan mu

火山

abankɛseɛ

城堡

nyankontɔn

彩虹

emere

蘑菇

abɛtene

棕櫚樹

ntomntom

蚊子

tu

蒼蠅

ntɛtea

螞蟻

wowa

蜜蜂

ananse

蜘蛛

amankuo

甲蟲

apɔnkyerɛni

青蛙

opuro

松鼠

apɛsɛ

刺蝟

adanko

野兔

patuo

貓頭鷹

anomaa

鳥

nsuo mu dabodabo

天鵝

kɔkɔte

野豬

adoa

鹿

ɔtweenini

麋鹿

dam

水壩

wind turbine afidie

風力發電機

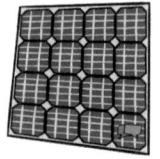

afidie a ɛkye awia

太陽能電池板

wiem nsakraeɛ

氣候

ɔsom adidieɛ
服務生

aduane a ɛwɔ ch
菜譜

akonwa
椅子

nkwan
湯

pisa
披薩餅

ntere a yɛde didi
餐具

ntoma a ɛse pono so
桌布

mprampra anom

前菜

aduane no ankasa

主菜

mpa anom

甜點

nsa

飲料

aduane

食物

toa

瓶子

aduane hyewhyew

速食

abɔnten so aduane

街邊小吃

tii kukuo

茶壺

asikyire konko

糖盒

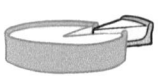

wo kyɛfa

一份飯菜

espresso afidie

義式咖啡機

akonwa tenten

高腳椅

wo ka

帳單

apanpan

托盤

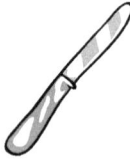

sekan

刀

adinam

餐叉

atere

勺子

atere ketewa

茶匙

napkin a yɛde pepa ano

餐巾

glase

玻璃杯

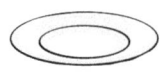

prɛte

碟子

kwan kyɛnsee

湯盤

prɛte ketewa

碟子

abomu

醬

nkyene kukuo

鹽瓶

yɛde yam mako

胡椒研磨罐

fenega

醋

anwa

食用油

aduhwam

調味料

kɛkyɔp

番茄醬

mustad

芥末

mayones

美乃滋

sotɔɔpɔn

超市

ntesoɔ soronko
特價
FOR
adetɔfoɔ
顧客
nanatwie nufusuo
乳製品
aduaba
水果
hwiili
購物車

BUTCHERS

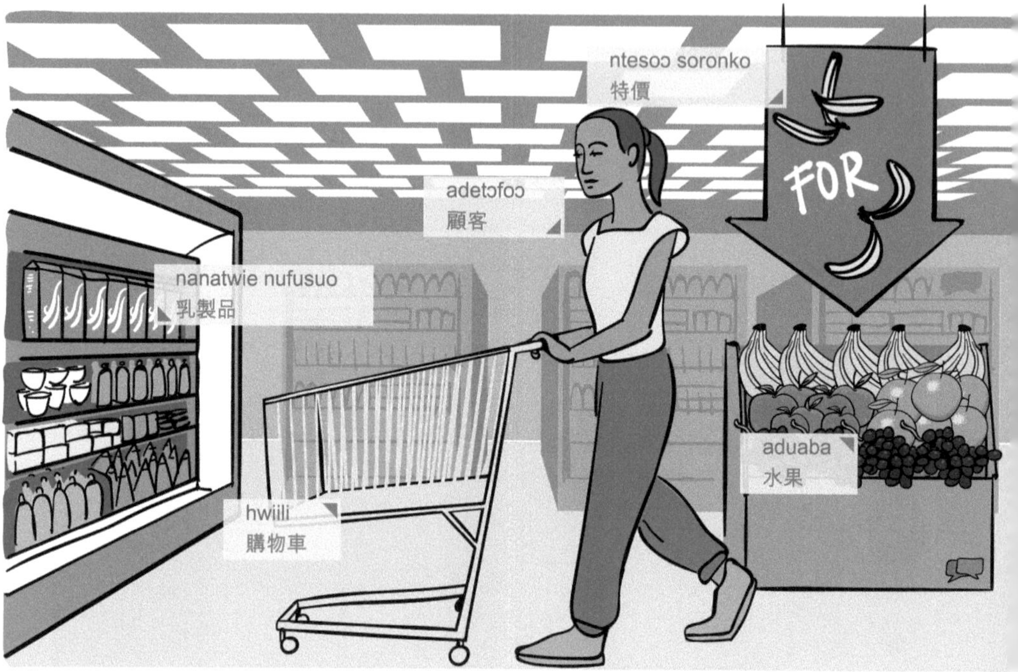

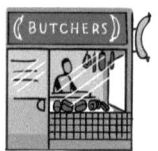

baabi a yɛtɔn nam

肉鋪

BAKERY

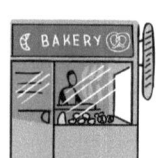

baabi a yɛtɔn paano

麵包店

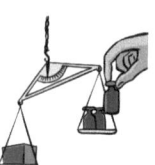

susu

稱重

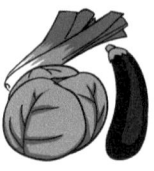

atosodeɛ

蔬菜

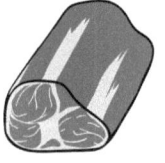

nam

肉

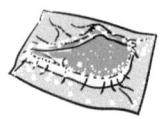

frigyemu aduane

冷凍食品

nam a adwoɔ

冷盤

kyɛnsee mu aduane

罐頭食品

paoda samena

洗衣粉

adedɔkɔdɔkɔ

甜食

efie nneɛma

日用品

adetɔneɛ a yɛde pepa fin

清潔用品

nnipa a ɔton adeɛ

銷售員

afidie a egye sika

收銀機

ɔgyegye sika

收銀員

krataa a wodi rekɔ di dwa

購物清單

berɛ a wɔde bua

開放時間

sikabotɔ

錢包

kaade a yɛde yi sika

信用卡

baage

袋子

rɔba baage

塑膠袋

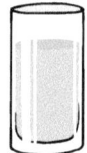

nsuo

水

aduaba mu nsuo

果汁

nufusuo

牛奶

kok

可樂

wain nsa

紅酒

biya

啤酒

mmorosa

酒

kokoo

可可

tii

茶

kofe

咖啡

espresso

義式濃縮咖啡

kapukyino

卡布奇諾

kwadu

香蕉

apol

蘋果

ankaa

柳丁

melon

西瓜

akutɔɔ

檸檬

karɔt

胡蘿蔔

garlik

大蒜

pampro

竹子

gyeene

洋蔥

mmere

蘑菇

nkateɛ

堅果

talia

麵條

spageti

義大利麵

ɛmo

米飯

salad

沙拉

kyipis

薯條

abrɔdwomaa a y'akye

炸馬鈴薯

pisa

披薩餅

hambɔga

漢堡

sanwekye

三明治

nam a dompe nnim

炸豬排

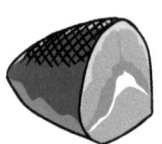

preko nam

火腿

nam a y'ahata

義大利臘腸

sɔsege

香腸

akokɔ

雞肉

toto

烤肉

apataa

魚

oosu koko

燕麥片

muesli

木斯里

konflese

玉米片

esam

麵粉

krossant

牛角麵包

paano a y'abobɔ

麵包捲

paano

麵包

paano a y'atoto

吐司

biskete

餅乾

bɔta

奶油

nufusuo a ada

凝乳

keeke

蛋糕

kosua

蛋

kosua a y'akyeɛ

煎蛋

kyiis

起司

asskrim

冰淇淋

asikyire

糖

ɛwoɔ

蜂蜜

gyaam

果醬

kyokolete

巧克力醬

kɔri

咖哩

afuo

農場

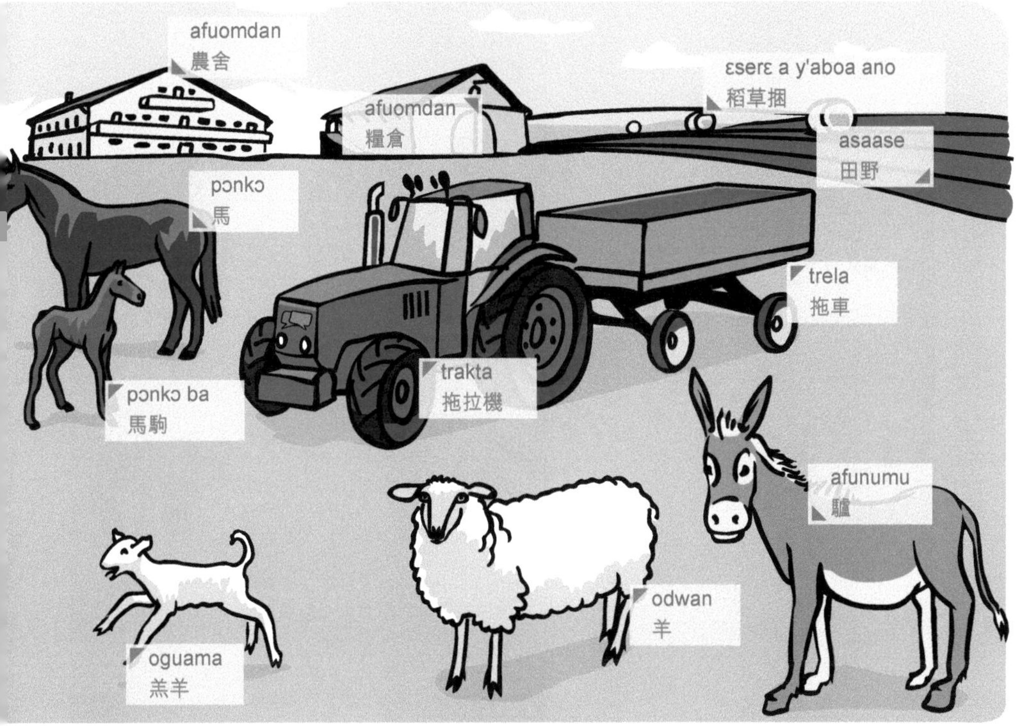
afuomdan
農舍
afuomdan
糧倉
ɛserɛ a y'aboa ano
稻草捆
asaase
田野
pɔnkɔ
馬
trela
拖車
trakta
拖拉機
pɔnkɔ ba
馬駒
afunumu
驢
odwan
羊
oguama
羔羊

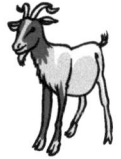

apɔnkye

山羊

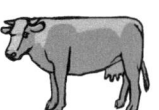

nantwie

奶牛

nantwie ba

小牛

prɛko

豬

prɛko ba

小豬

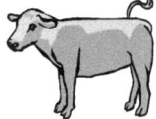

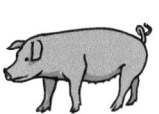

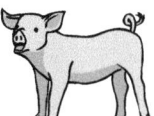

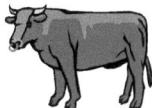

nantwinini

公牛

dabodabo nua

鵝

dabodabo

鴨

akokɔba

小雞

akokɔbedeɛ

母雞

akokɔnini

公雞

kusie

鼠

ɔkra

貓

akura

老鼠

nantwinini

牛

kraman

狗

kraman buo

狗屋

afuom drobɛn

花園澆水軟管

tontora a yɛde gu nsuo

澆水壺

sekan a yɛde twa aburo

長柄大鐮刀

funtum dadeɛ

犁

afuo - 農場

kɔntɔnkrɔ

鐮刀

asɔ

鋤頭

afuom adinam

長柄草耙

akuma

斧頭

hweebaro

獨輪手推車

adidika

飼料槽

nufusuo konko

牛奶罐

bɔtɔ

麻布袋

ɛban

柵欄

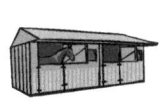

pɔnkɔ dan

馬廄

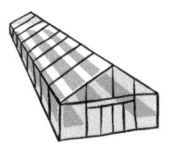

ntomadan a yɛyɛ mu afuo

溫室

anwea

土壤

aba

種子

ɔyɛ asaaseyie

肥料

otwaberɛ trakta

聯合收割機

twa

收割

otwaberɛ

收割

bayerɛ

地瓜

ayuo

小麥

soya

大豆

abrɔdwomaa

土豆

aburo

玉米

repu aba

油菜籽

dua a ɛso aba

果樹

bankye

樹薯

aburo asefoɔ

穀物

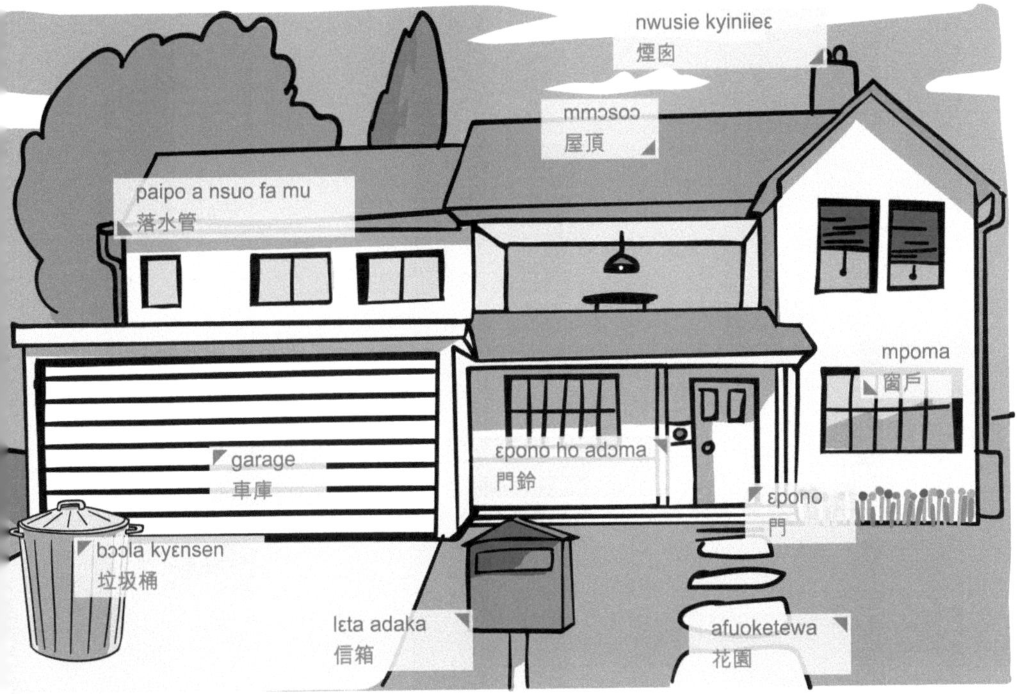

nwusie kyiniieɛ
煙囪

mmɔsoɔ
屋頂

paipo a nsuo fa mu
落水管

mpoma
窗戶

garage
車庫

ɛpono ho adɔma
門鈴

ɛpono
門

bɔɔla kyɛnsen
垃圾桶

lɛta adaka
信箱

afuoketewa
花園

asaso

客廳

adwareɛ

浴室

mukaase

廚房

pie mu

臥室

nkwadaa dan mu

兒童房

dan a yɛdidi mu

餐廳

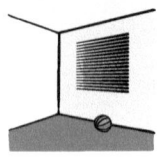

ɛfam

地板

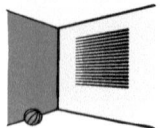

ɛban

牆壁

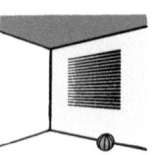

abruuso

天花板

danbloo

地窖

adwereɛ a ɛbɔ ɔhyew

三溫暖

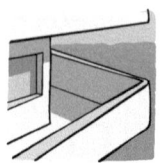

abranaa

陽臺

abranaaso

露臺

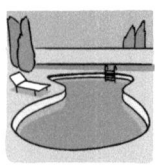

nsuo a yɛdware mu

游泳池

afidie a yɛde dɔ

割草機

nsɛfam

被單

ntoma a ɛse kɛtɛ so

床罩

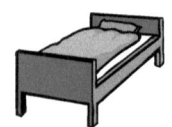

mpa

床

prayɛ

掃帚

bokiti

水桶

dane

開關

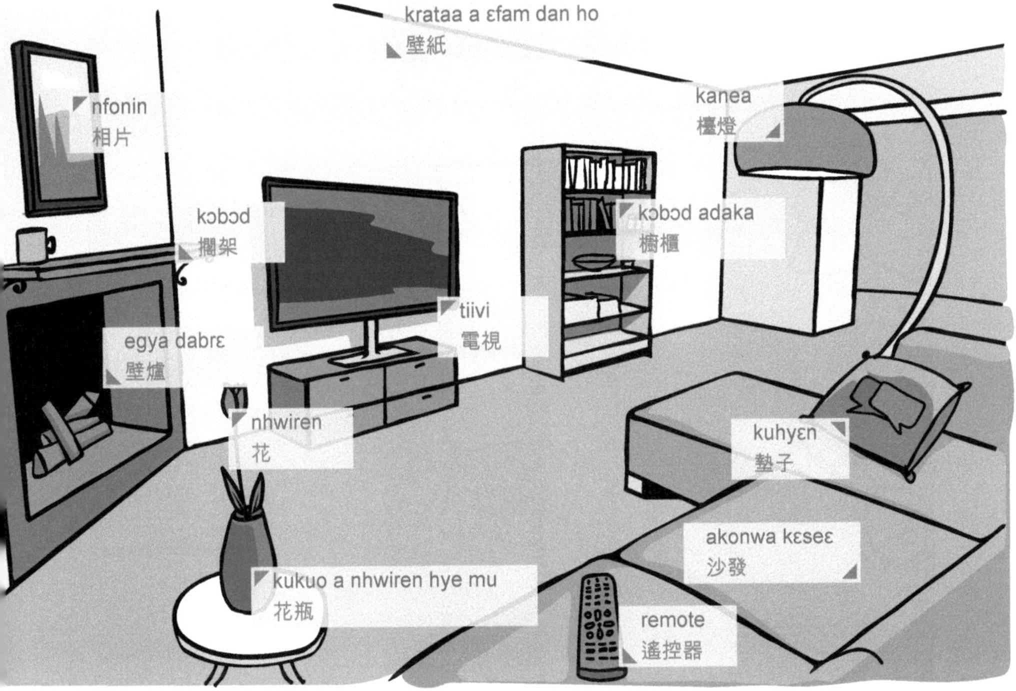

krataa a ɛfam dan ho
壁紙

kanea
檯燈

nfonin
相片

kɔbɔd
擱架

kɔbɔd adaka
櫥櫃

egya dabrɛ
壁爐

tiivi
電視

nhwiren
花

kuhyɛn
墊子

akonwa kɛseɛ
沙發

kukuo a nhwiren hye mu
花瓶

remote
遙控器

kapɛte

地毯

ntwaa dan mu

窗簾

ɛpono

餐桌

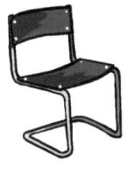

akonwa

椅子

akonwa a ehinhim

搖椅

akonwa a yɛgyegye dan

扶手椅

nwoma

書

kuntu

毯子

dan mu nsiesie

裝飾品

egya

木柴

sini

電影

wailɛs

高傳真音響

safoa

鑰匙

koowaa krataa

報紙

nfonin a y'adwi

油畫

nfam danho

海報

radio

收音機

krataa a yɛ twere mu

筆記本

afidie a ɛprapra

吸塵器

kaktus

仙人掌

kyɛnere

蠟燭

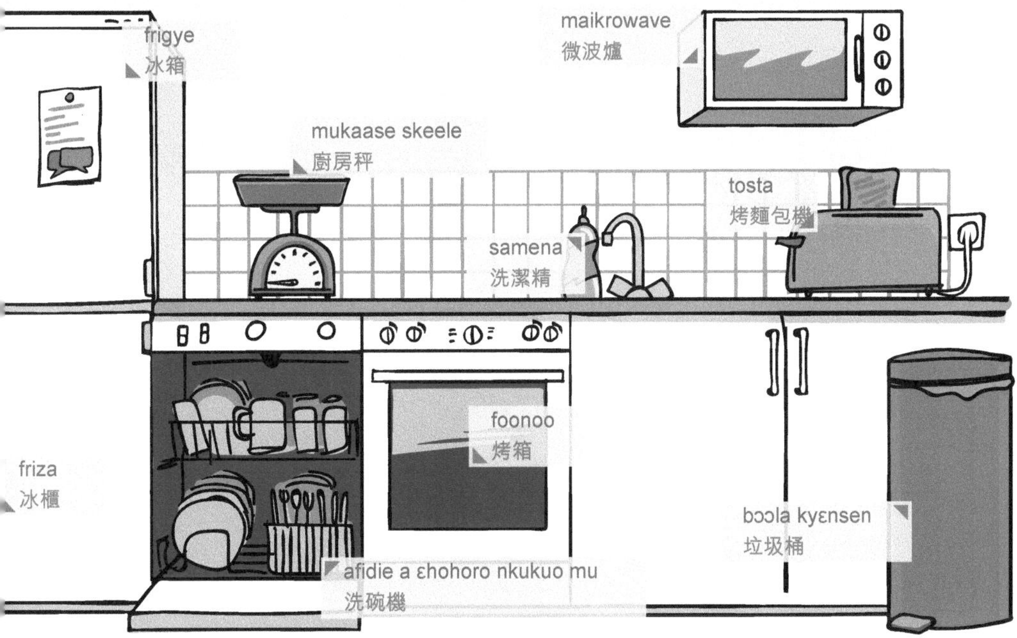

frigye
冰箱

maikrowave
微波爐

mukaase skeele
廚房秤

tosta
烤麵包機

samena
洗潔精

foonoo
烤箱

friza
冰櫃

bɔɔla kyɛnsen
垃圾桶

afidie a ɛhohoro nkukuo mu
洗碗機

abɛɛfo bukyea

炊具

kokuo

鍋

dadesɛn

鑄鐵鍋

wok / kadai

炒鍋

kyɛnsee

平底鍋

nsuo hyeɛ afidie

水壺

stiima

蒸鍋

apa a yε to so adeε

烤盤

prεte, kuruwa, ntere ne nea εkeka ho

陶瓷鍋

kuruwa a etumi bɔ

馬克杯

kyεnsee

碗

nnua a yεde didi

筷子

kwantre

長柄勺

dua atere

鏟子

yεde nu adeε mu

攪拌器

sɔneε

濾網

fefe

篩子

greta

磨碎機

waduro

研缽

kyinkyinga

燒烤

bukyea

明火

pono a yɛ twitwaso adeɛ

菜板

ɛta

擀麵杖

deɛ yɛtu nsa so

開瓶器

konko

罐子

deɛ yɛde bue konko so

開罐器

yɛde sɔ kukuo mu

隔熱手套

sink

水槽

brɔhye

刷子

sapɔ

海綿

aduane yam fidie

攪拌機

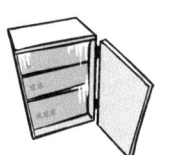

friza nini

冷藏箱

toa a abɔdoma nom ano

奶瓶

paipo

水龍頭

adwareɛ

浴室

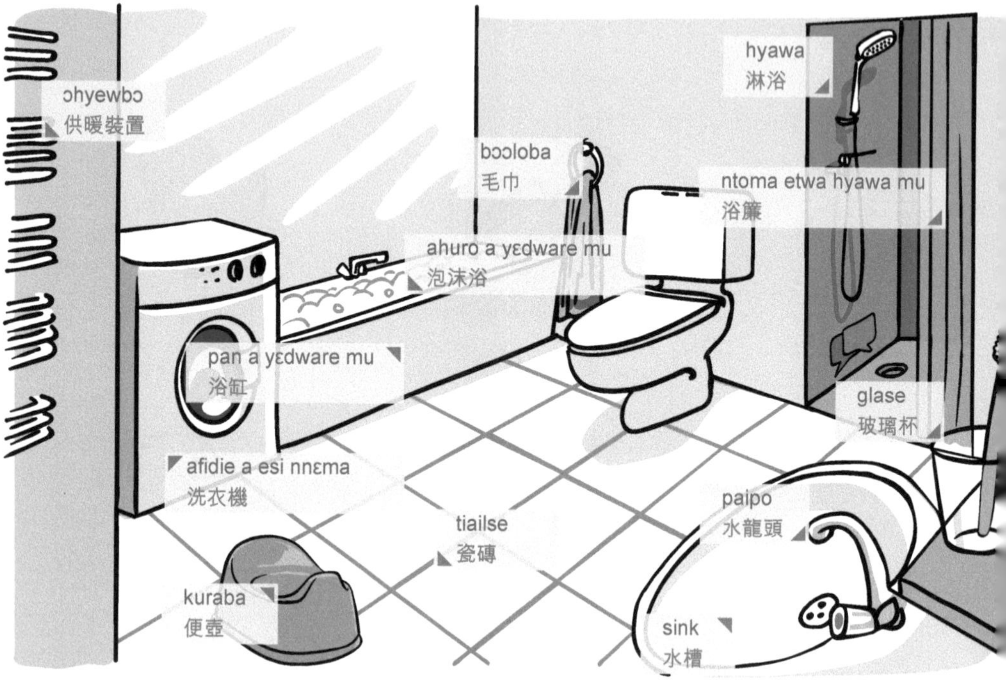

ɔhyewbɔ
供暖裝置
bɔɔloba
毛巾
hyawa
淋浴
ntoma etwa hyawa mu
浴簾
ahuro a yɛdware mu
泡沫浴
pan a yɛdware mu
浴缸
glase
玻璃杯
afidie a esi nnɛma
洗衣機
paipo
水龍頭
tiailse
瓷磚
kuraba
便壺
sink
水槽

teɛfi

廁所

teɛfi a yɛ koto so

蹲便器

bidet teɛfi

坐浴器

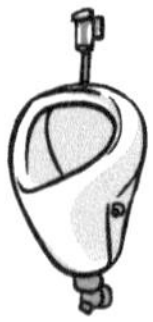

dwonsɔ dan

小便斗

teɛfi so krataa

廁紙

teɛfi so brɔhye

馬桶刷

rɔhye a yɛde twitwiri see

牙刷

aduro a yɛde twitwiri see

牙膏

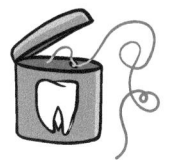

yɛde yiyi ɛsee mu

牙線

si

洗

hyawa a yɛsɔ mu

手持式蓮蓬頭

paipo a yɛde hohoro ananmu

沖洗器

bokiti

洗臉盆

brɔhye a wode dware w'akyi

洗背刷

samena

肥皂

hyawa samena

沐浴露

nsuo samena

洗髮乳

flanɛl ntoma

法蘭絨

baabi a nsu fa pue

排水

nku

乳霜

yɛde fefa amotoamu

除臭劑

ahwehwɛ

鏡子

ahwehwɛ a yɛsɔ mu

手鏡

bled

刮鬍刀

ahuro a yɛde yi nwi

刮鬍泡沫

aduro a yɛde fefa baabi a wo ayi nwi

鬍後水

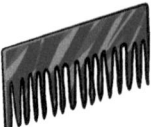

afen

梳子

brɔhye

刷子

afidie a ɛwo nwi

吹風機

enwi sopre

噴髮定型劑

pɔns

化妝品

lipstike

唇膏

penti a yɛde mɔreɛ so

指甲油

asaawa

化妝棉

apasoɔ a etwa mmɔreɛ

指甲剪

aduhwam

香水

adwareɛ baage

洗漱包

edwa

凳子

skele

計重秤

adwereɛ ataadeɛ

浴袍

rɔba a yɛde hyɛ nsa ho

橡膠手套

tampon

衛生棉條

abɛɛfo amonsen

衛生棉

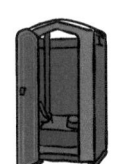

teɛfi a aduro gum

化學廁所

nkwadaa dan mu

兒童房

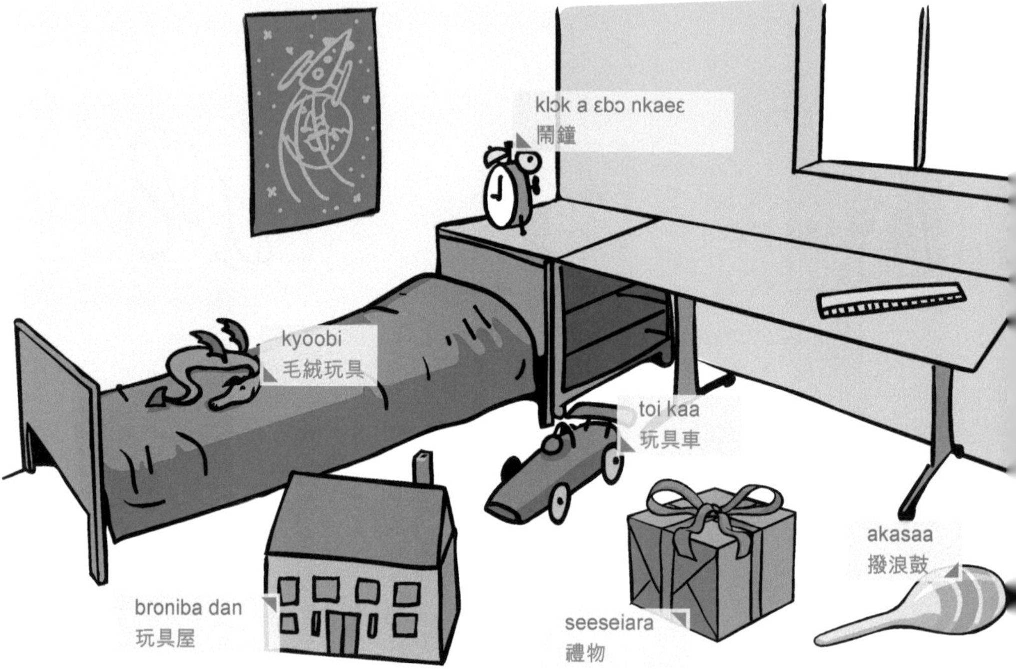

klɔk a ɛbɔ nkaeɛ
鬧鐘
kyoobi
毛絨玩具
toi kaa
玩具車
akasaa
撥浪鼓
broniba dan
玩具屋
seeseiara
禮物

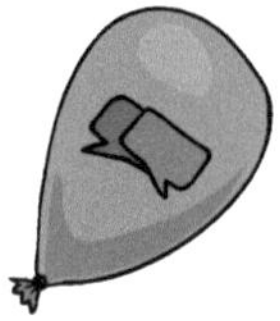

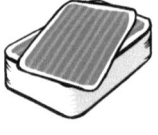

baaluu

氣球

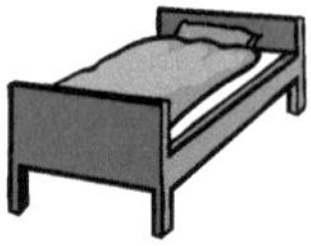

mpa

床

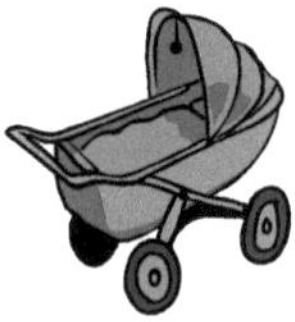

nkwadaa kaa

嬰兒車

sopaa

撲克牌

gyiksɔɔ

拼圖

SUPER MEGA

nsɛnkwa

漫畫

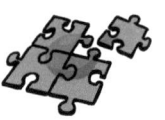

lego blɔg

樂高積木

blɔg a yɛde si dan

積木玩具

nnipa ɔbɔhye

公仔

abɔdoma ataadeɛ

嬰兒服

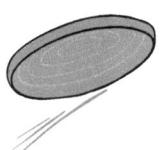

frisbee

飛盤

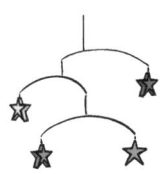

mobail

床鈴玩具

ponoso agodie

棋盤遊戲

daahye

骰子

nkwadaa keteke

火車模型

koliko

安撫奶嘴

apontoɔ

派對

nfonin nwoma

繪本

bɔɔlɔ

球

broniba

洋娃娃

di agorɔ

玩

anwea adaka

沙坑

adonko

鞦韆

tois

玩具

video agodie apaawa

電玩遊戲

sakre a ne nan mɛnsa

三輪車

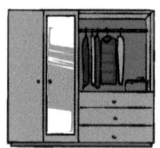

kyoobi

泰迪熊

wɔdropo

衣櫃

ntaadeɛ

衣服

sɔks

襪子

stokens

長襪

sekentait

緊身褲

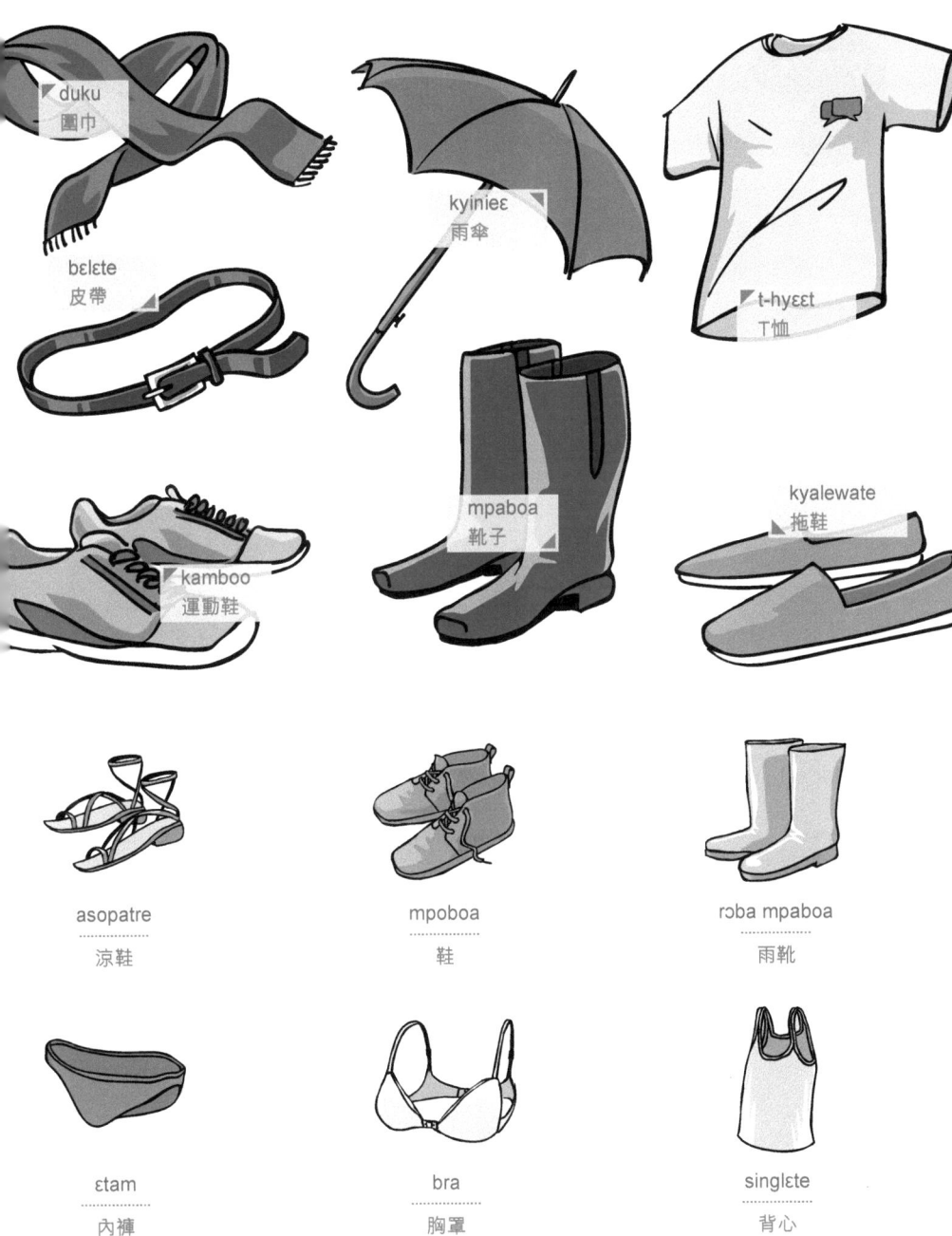

duku
圍巾

kyinieɛ
雨傘

t-hyɛɛt
T恤

bɛlɛte
皮帶

mpaboa
靴子

kyalewate
拖鞋

kamboo
運動鞋

asopatre
涼鞋

mpoboa
鞋

rɔba mpaboa
雨靴

ɛtam
內褲

bra
胸罩

singlɛte
背心

nipadua

身體

trɔsa

褲子

gyins

牛仔褲

sekɛɛt

短裙

ɛsoro ataadeɛ

女式襯衫

hyɛɛte

襯衫

nkatoho a ɛko awɔ

套頭衫

hoodie

連帽上衣

koot

西裝夾克

nkatasoɔ

夾克

nkatasoɔ

外套

nsutɔ mu nkataho

雨衣

dwumadie bi ho ataadeɛ

套裝

mmaa atadeɛ

連衣裙

ayefrɔ ataadeɛ

婚紗

kootu

西裝

mmaa ataadeɛ a yɛde da

睡袍

pigyamas ataadeɛ

睡衣

sari

莎麗

duku

頭巾

abotire

包頭巾

burka

波卡

kaftan

卡夫坦

nkramofoɔ mmaa atadeɛ

(阿拉伯式)長袍

ɛaadeɛ a yɛde dware nsuo

泳衣

asenemu ataadeɛ

男式泳褲

nika

短褲

agokansie ntaadeɛ

運動服

akatasoɔ

圍裙

nsa nkataho

手套

bɔtom

鈕扣

sopɛɛse

眼鏡

ahwneɛ

手鏈

komadeɛ

項鍊

kawa

戒指

asomadeɛ

耳環

ɛkyɛ

便帽

yɛde koot sɛn so

衣架

ɛkyɛ

帽子

abɔmene mu

領帶

zip

拉鍊

ɛkyɛ denden

安全帽

bresis

背帶

sukuu ataadeɛ

校服

adwuma ataadeɛ

制服

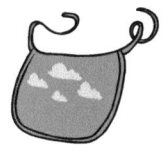

mmɔfra bib

圍兜

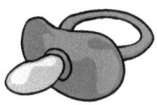

koliko

安撫奶嘴

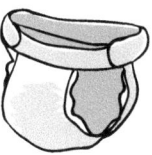

nkwadaa napken

尿布

asoeɛ

辦公室

sɛɛva
伺服器
kabenɛt
檔案櫃
printa
印表機
krataa
紙
monita
螢幕
Maws
滑鼠
ɛpono a yɛyɛ so adwuma
辦公桌
nhyemu
資料夾
ntwerɛeɛ pono
鍵盤
akonwa
椅子
a yɛde krataa nwura gu mu
komputa
電腦

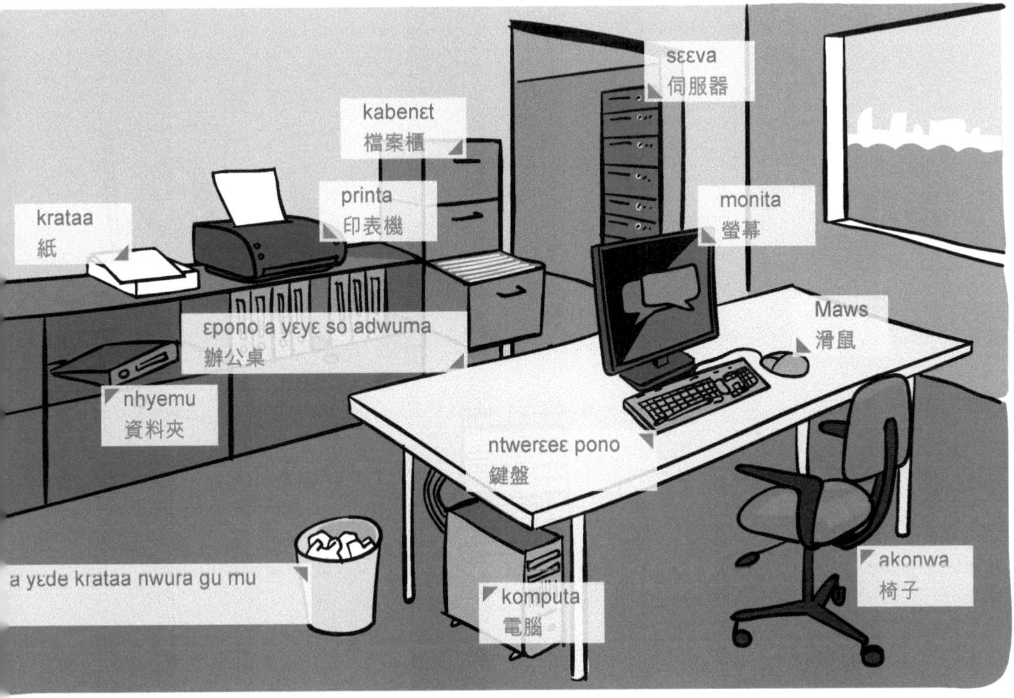

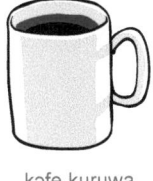

kɔfe kuruwa

咖啡杯

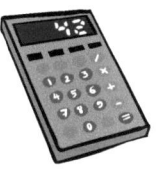

akontabuo fidie

計算機

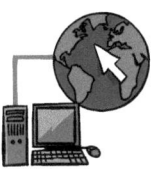

intanɛt

網際網路

laptop

筆記型電腦

lɛta

信件

nkratoɔ

簡訊

mobail kasafidie

行動電話

nɛtwɛke

網路

fotokɔpi

影印機

softwɛɛ

軟體

tetefon

電話

sɔkɛt

插座

faks afidie

傳真機

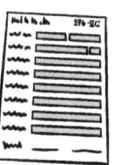

katraa

表格

nkrataa

檔案

tɔ

買

tua

付錢

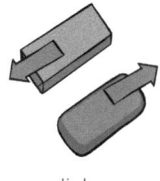

di dwa

交易

sika

現金

dollar

美元

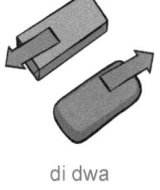

euro

歐元

yen

日元

rubel

盧布

Swiss franks

瑞士法郎

renminbi yuan

人民幣

rupii

盧比

baabi yɛtua sika

提款處

baabi a yɛ sesa sika

外幣兌換處

sika kɔkɔɔ

金

dwetɛ

銀

now

石油

ahoɔden

能源

ne boɔ

價格

kontragye

合約

ɛtoɔ

稅金

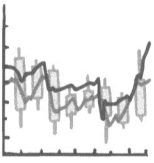

stɔk

股票

adwuma

工作

adwumayɛni

職員

adwumawura

老闆

mfididwuma mu

工廠

sotɔɔ

商店

nwuma ahodoɔ
職業

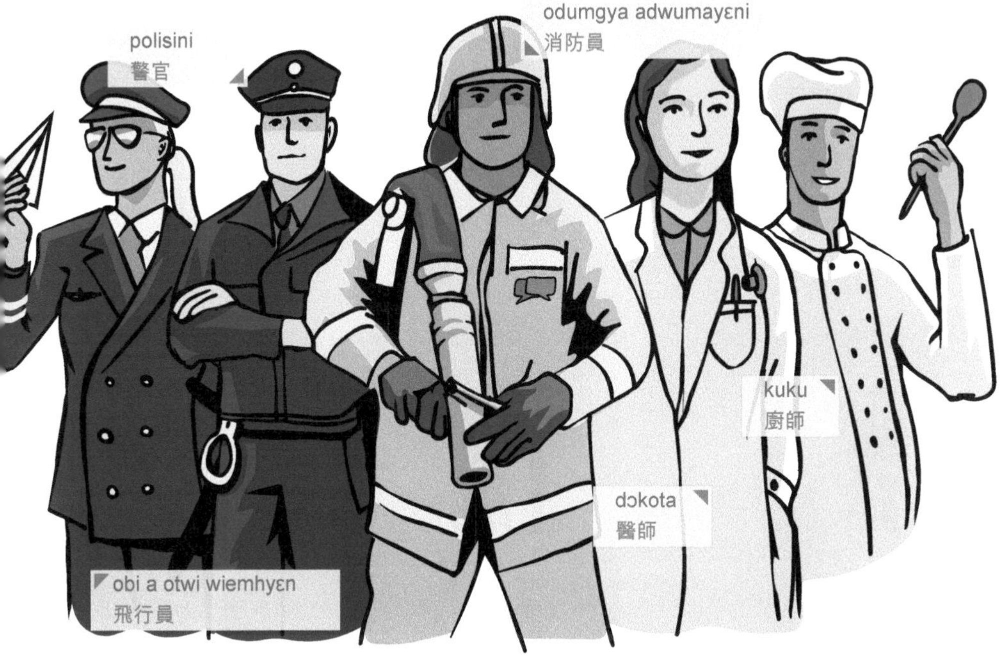

polisini
警官
odumgya adwumayɛni
消防員
kuku
廚師
dɔkota
醫師
obi a otwi wiemhyɛn
飛行員

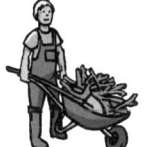

ɔyɛ afuo
園丁

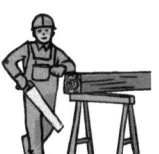

dua dwomfoɔ
木匠

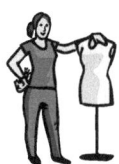

adepani baa
裁縫

atɛnmuafoɔ
法官

ɔtɔn nnuro
化學家

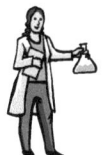

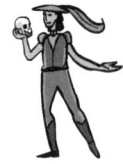

sini yɛfoɔ
演員

bɔs drɔba

公車司機

taisi drɔba

計程車司機

ɔpofoɔ

漁夫

ɔbaa a osiesie fie

清洗女工

ɔbɔdanso

屋頂工

ɔsom adidieɛ

服務生

bɔmɔfoɔ

獵人

penta

畫家

ɔto paano

麵包師

ɔyɛ nkaneɛ ho adwuma

電工

ɔdansifoɔ

建築工人

inginia

工程師

ɔdwa nam

屠夫

plɔmba

水管工

krataa manefoɔ

郵差

sogyani

士兵

ɔdwi adan

建築師

ɔgyegye sika

收銀員

ɔtɔn nhwiren

花農

ɔyɛ tire

理髮師

meeti

售票員

fitani

機械技師

nnipa a otwi suhyɛn

船長

ɛsee dɔkota

牙醫

abɔdeɛ mu nimdefoɔ

科學家

rabi

拉比

kramo panin

伊瑪目

ɔsɔfo

和尚

ɔsɔfo

牧師

anwenade
工具

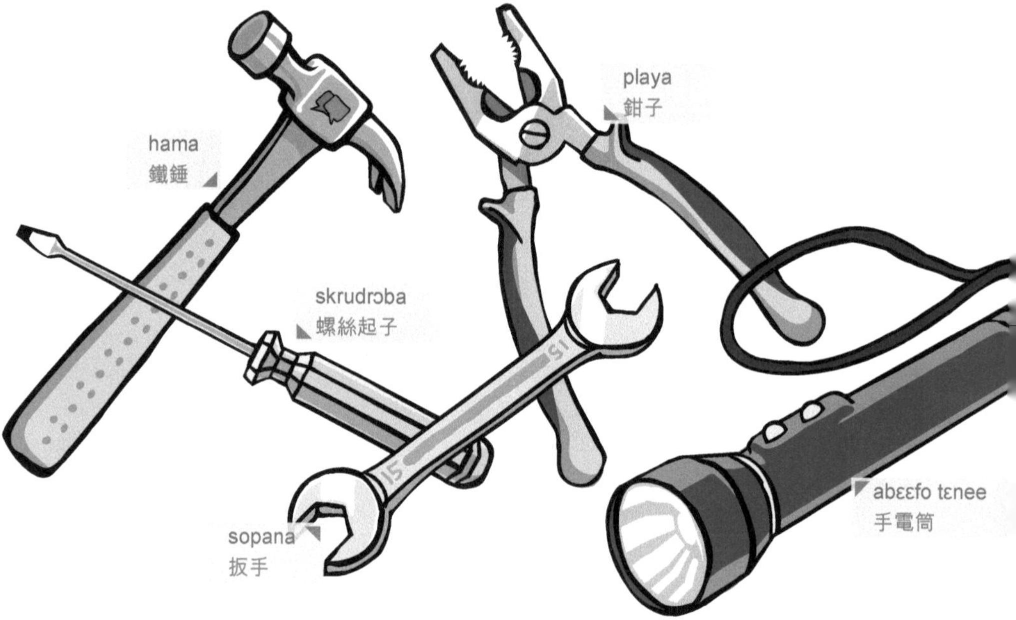

playa
鉗子
hama
鐵錘
skrudrɔba
螺絲起子
sopana
扳手
abɛɛfo tɛnee
手電筒

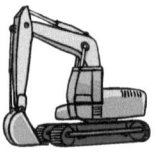

otu amena

挖掘機

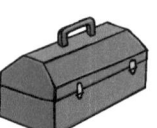

anwenade adaka

工具箱

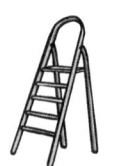

atwedeɛ

梯子

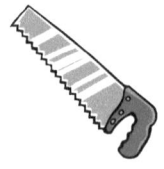

asradaa

鋸子

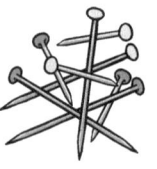

nnadewa

釘子

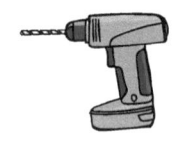

afidie a yɛde bɔne tokro

鑽機

siesie

修

sofi

鏟子

Ebei!

糟糕！

asanwura

畚箕

penti kukuo

油漆桶

skruu

螺絲

nneɛma a yɛde bɔ nwom

樂器

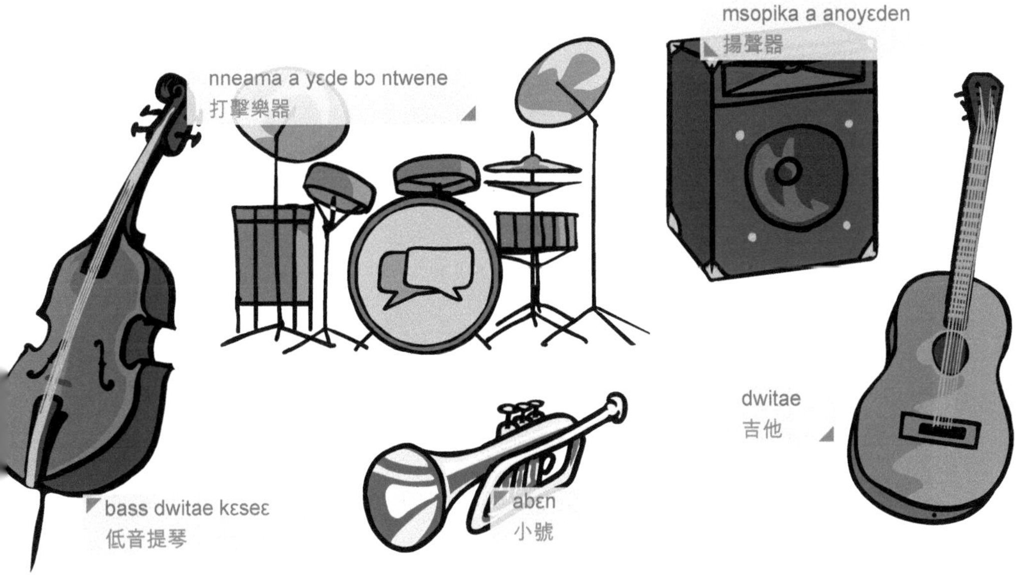

nneama a yɛde bɔ ntwene
打擊樂器

msopika a anoyɛden
揚聲器

dwitae
吉他

bass dwitae kɛseɛ
低音提琴

abɛn
小號

sankuo

鋼琴

ahoma sankuo

小提琴

bass dwitae

貝斯

atumpan

定音鼓

ntwene

鼓

ntwerɛeɛ apa

電子琴

saksofon

薩克斯風

atentenbɛn

長笛

maikrofon

麥克風

ɛpono ano
入口

ɔdaɔ
老虎

mmoa dan
籠子

zebra
斑馬

mmoa aduane
動物飼料

panda
熊貓

mmoa
動物

ɔsono
大象

kangaru
袋鼠

raino
犀牛

akatea
大猩猩

sisire
熊

afunupɔnkɔ

駱駝

sohori

鴕鳥

gyata

獅子

adwee

猴子

flamingo

紅鶴

ako

鸚鵡

awɔ mu sisire

北極熊

penguin

企鵝

oboodede

鯊魚

akɔkonini abankwa

孔雀

wɔwɔ

蛇

dɛnkyɛm

鱷魚

nnipa ɛhwɛ zoo so

動物園管理員

nsuo mu gyata

海豹

sebɔ

美洲豹

zoo - 動物園

ponkɔ ba

矮種馬

etwie

豹

susuono

河馬

kontenten

長頸鹿

ɔkɔdeɛ

老鷹

kɔkɔte

野豬

apataa

魚

sudandan

龜

walrus

海象

sakraman

狐狸

ɔtwee

羚羊

Amerikafoɔ futbɔɔlo
橄欖球

skre twie
騎腳踏車

tennis
網球

basketbɔɔlo
籃球

nsuom adwareɛ
游泳

asukɔkyea so hɔki
冰球

akutruku
拳擊

futbɔl
美式足球

badmintin
羽毛球

mirikatuo
田徑

bɔɔlo a yɛde nsa bɔ
手球

skii
滑雪

polo
馬球

sere
笑

huri
跳

bam
擁抱

nante
走路

to dwom
唱

so daeɛ
做夢

bo mpaeɛ
祈禱

fe ano
親吻

twerɛ
書寫

dwi
畫

kyerɛ
展示

pia
推

ma
給

fa
拿

nya

有

yɛ

做

yɛ

當

gyina

站

tu mirika

跑

twe

拉

to

丟

tɔ fam

摔倒

da hɔ

躺

twɛn

等待

soa

攜帶

tenase

坐

hyɛ ataadeɛ

穿衣

da

睡覺

nyane

醒來

hwɛ

看

su

哭

san ho

擊

nunum

梳頭

kasa

交談

te aseɛ

明白

bisa

問

tie

聽

nom

喝

didi

吃

yɛ nsiesie

清理

ɔdɔ

愛

noa

做飯

twi

開車

tu

飛

fa nsuo so

航行

sese

計算

kenkan

讀

sua

學習

adwuma

工作

ware

結婚

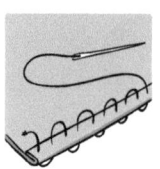

pam

縫

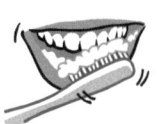

twitwiri wo se

刷牙

kum

殺

nom gyɔt

抽菸

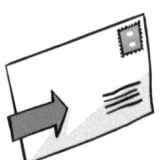

mane

寄

nana baa
祖母

nana barima
祖父

papa
父親

maame
母親

abɔdoma
嬰兒

ba baa
女兒

ba barima
兒子

ɔhɔhoɔ

客人

sewaa

阿姨

wɔfa

叔叔

nua barima

兄弟

nua baa

姐妹

nipadua
身體

moma
前額
ani
眼睛
abɛtire
肩膀
nsatea
手指
anim
臉
apantan
下巴
nsa
手
ɛnan
腿
nufoɔ
乳房
nsa
手臂

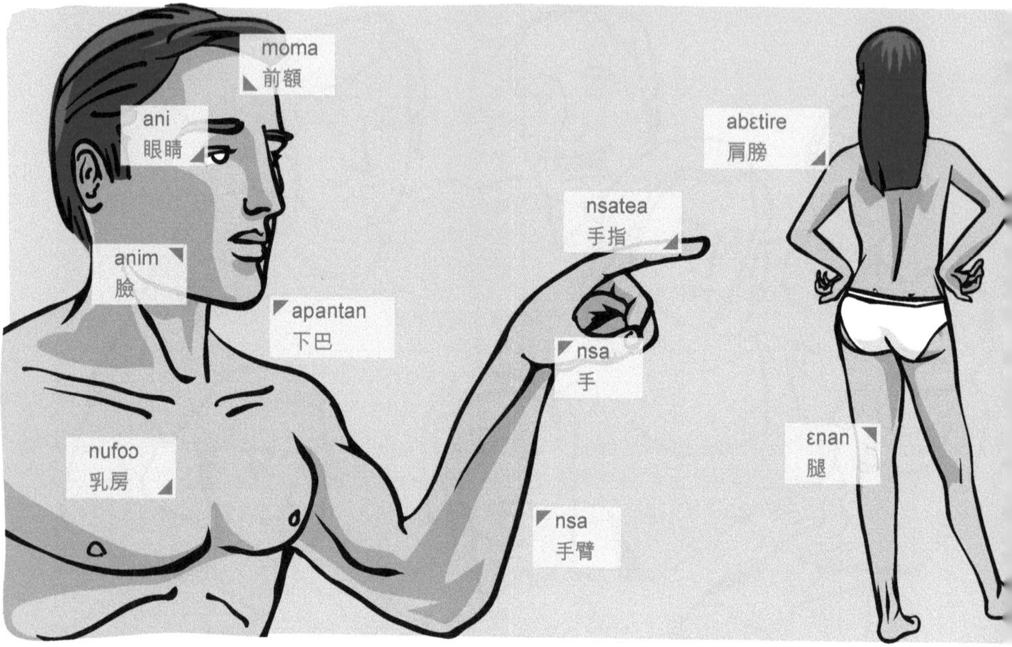

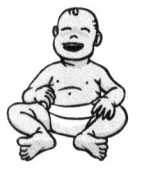

abɔdoma

嬰兒

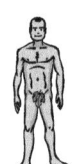

barima

男人

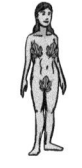

ɔbaa

女人

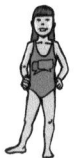

abayewa

女孩

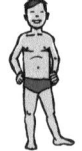

abarimawa

男孩

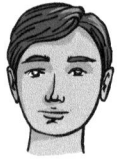

etire

頭

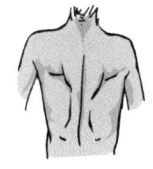

akyi

背部

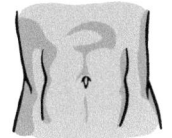

afro

肚子

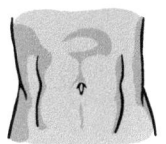

fruma

肚臍

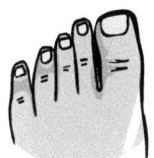

nansoa

腳趾

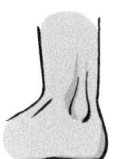

nantini

腳後跟

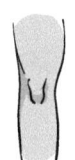

dompe

骨頭

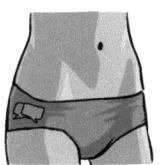

ataasɔɔ

臀部

kotodwe

膝蓋

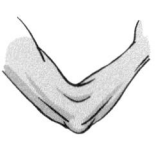

abatwɛ

手肘

ɛhwene

鼻子

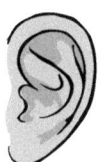

ɛtoɔ

屁股

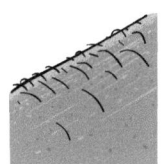

wedeɛ

皮膚

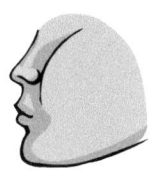

afono

臉頰

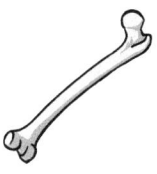

aso

耳朵

ano

嘴唇

anom

嘴

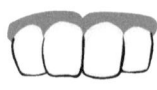

ɛsee

牙齒

tɛkyerɛma

舌頭

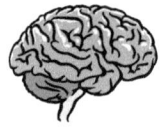

adwene

腦

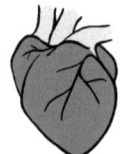

akoma

心臟

ntini

肌肉

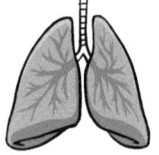

aharawa

肺

brɛboɔ

肝臟

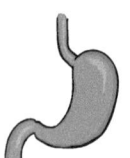

yafunu

胃

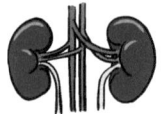

asaa

腎臟

nna

性交

kɔndɔm

保險套

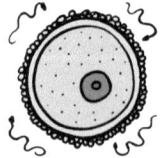

ɔbaa nkosua

卵子

barima ho nsuo

精子

nyinsɛn

懷孕

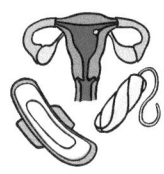

nsabuo

月事

ɛtwɛ

陰道

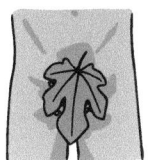

kɔteɛ

陰莖

anintɔn

眉毛

enwin

頭髮

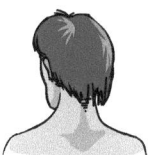

ɛkɔn

脖子

ayaresabea
醫院

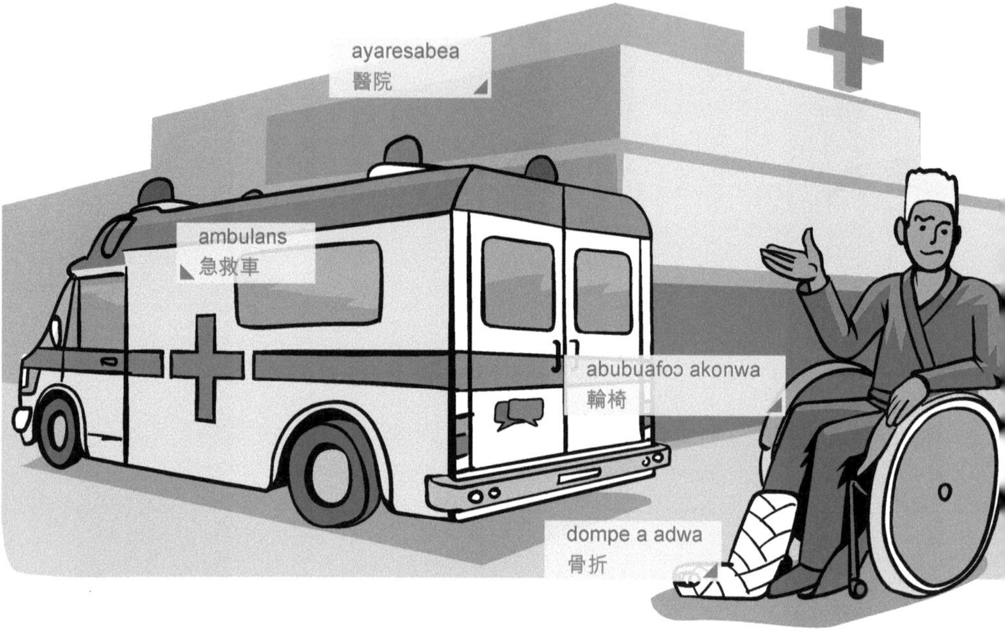

ayaresabea
醫院
ambulans
急救車
abubuafoɔ akonwa
輪椅
dompe a adwa
骨折

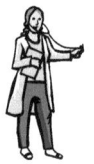

dɔkota
醫師

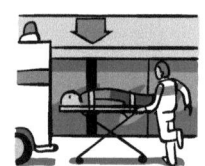

ɛdan a wɔde putupru nsɛm kɔmu
急診室

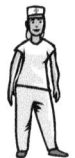

nɛɛse
護理師

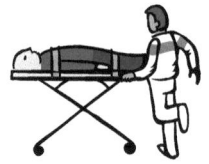

putupru
緊急情形

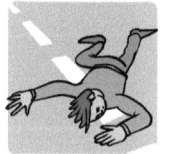

wɔ atwa ahwe
昏迷

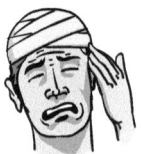

yea
痛

epira

受傷

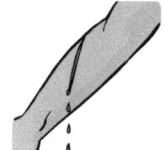

mogyatuo

出血

akoma yarenini

心臟病發作

stroke yarɛɛ

中風

allegyi

過敏

ɛwa

咳嗽

ahɔɔhyeɛ

發燒

papu

流感

ayamtuo

腹瀉

tipaeɛ

頭痛

kokoram

癌症

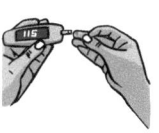

asikyire yareɛ

糖尿病

dɔkota a ɛyɛ oprehyɛn

外科醫師

skapɛl sekan

手術刀

aprehyɛn

手術

CT

電腦斷層掃描

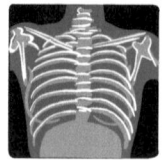

x-ray

X光

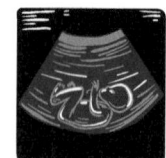

ultrasound

超音波

nkatanim

口罩

yareɛ

疾病

ɛdan a wɔ twɛn mu

候診室

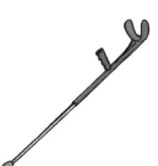

krɔhyes

拐杖

plasta

石膏

banege

繃帶

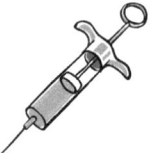

paneɛ

注射

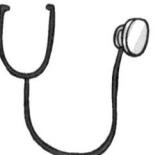

Stetoskop

聽診器

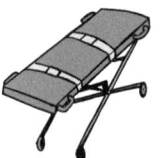

ahomankaa

擔架

afidie a esusu ahoɔhyeɛ

體溫計

ɔwo

出生

kɛseɛ mmorosoɔ

超重

afidie a ɛboa asɛmtie

助聽器

aduro a ekum mmoawa

消毒液

yareɛ a mmoawa deba

感染

vaarɔs

病毒

HIV / AIDS

愛滋病

aduro

藥物

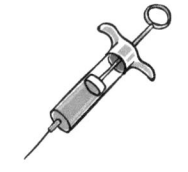

aduro a esi yareɛ ano

接種疫苗

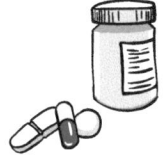

aduro tablɛte

藥片

topaeɛ

藥丸

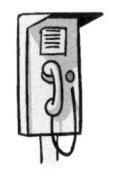

ɔfrɛ wɔ putupru so

急救電話

afidie a esusu mogya mmrosoɔ

血壓計

yareɛ / apomuden

生病/健康

Boa me!

救命！

kɔkɔbɔ

警報

ɛborɔ

突擊

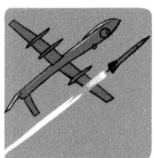

ato ahyɛ obi so

攻擊

ɛyɛ hu

危險

baabi a yɛfa de pue putupru so

緊急出口

Ogya!

失火了！

afidie a yɛde dumgya

滅火器

nkwanhyia

意外

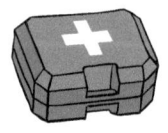

nneɛma yɛde sɔ yareɛ ano

急救箱

SOS

呼救訊號

polisi

員警

Yuropo

歐洲

Amerika atifi

北美洲

Amerika ananfɔɔ

南美洲

Abiberm

非洲

Asia

亞洲

Australia

澳洲

Atlantik

大西洋

Pasifek

太平洋

India po kɛseɛ

印度洋

Antaatek po keseɛ

南冰洋

Aatek po kɛseɛ

北冰洋

Ewiase atifi

北極

Ewiase anaafoɔ

南極

Antaatek

南極洲

Ewiase

地球

asaase

陸地

ɛpo

海

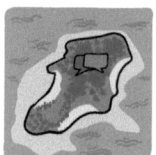

supɔ

島

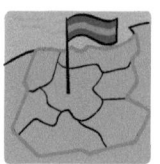

ɔman

國家

ɔman

州

klɔko no anim

錶盤

dɔnhwere nsa no

時針

sima nsa

分針

anitɛtɛ nsa no

秒針

Abɔ sɛn?

現在幾點？

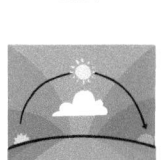

da

天

berɛ

時間

seeseiara

現在

wkye a nɔma wɔ so

電子錶

sima

分

dɔnhwere

時

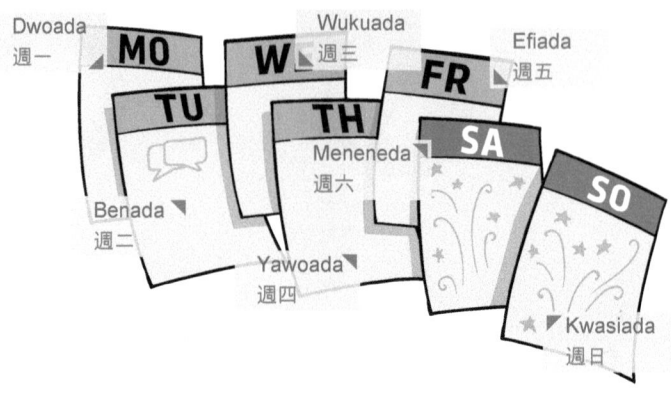

Dwoada 週一
Wukuada 週三
Efiada 週五
Benada 週二
Yawoada 週四
Meneneda 週六
Kwasiada 週日

ɛnora

昨天

ɛnora

今天

ɔkyina

明天

anɔpa

早晨

prɛmtobrɛ

中午

anwumerɛ

晚上

MO	TU	WE	TH	FR	SA	SU
1	2	3	4	5	6	7
8	9	10	11	12	13	14
15	16	17	18	19	20	21
22	23	24	25	26	27	28
29	30	31	1	2	3	4

adwuma nna

工作日

MO	TU	WE	TH	FR	SA	SU
1	2	3	4	5	6	7
8	9	10	11	12	13	14
15	16	17	18	19	20	21
22	23	24	25	26	27	28
29	30	31	1	2	3	4

nnawɔtwe awieɛ

週末

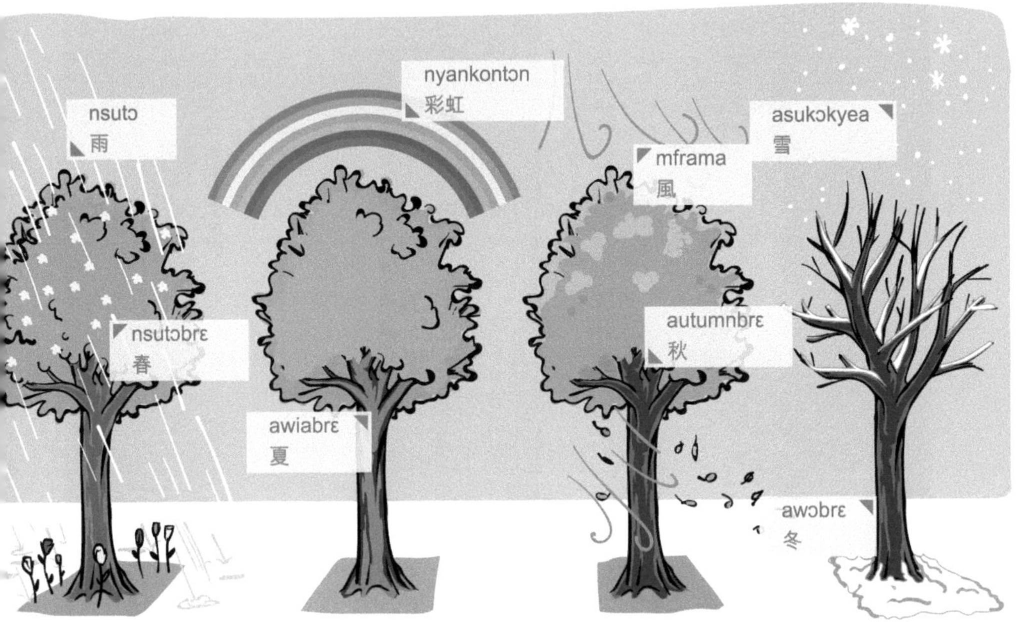
nsutɔ
雨
nyankontɔn
彩虹
mframa
風
asukɔkyea
雪
nsutɔbrɛ
春
awiabrɛ
夏
autumnbrɛ
秋
awɔbrɛ
冬

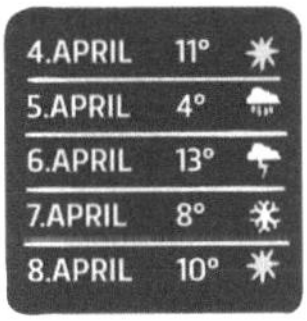
4.APRIL 11°
5.APRIL 4°
6.APRIL 13°
7.APRIL 8°
8.APRIL 10°

ewiem nsakrɛeɛ

天氣預告

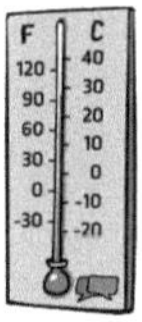
F
C
120
90
60
30
0
-30
40
30
20
10
0
-10
-20

afidie a esusu ade ho hyeɛ

溫度計

awiabɔ

陽光

munukum

雲

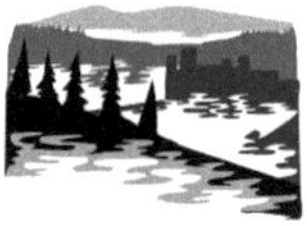

ɛbɔ

霧

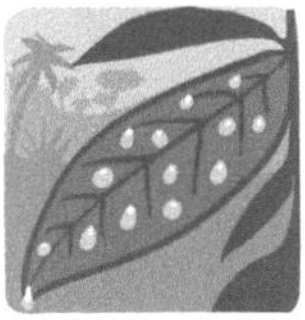

ewiem nsuo

潮濕

ayerɛmo

閃電

apranaa

打雷

ehum

風暴

asukɔkyea

冰雹

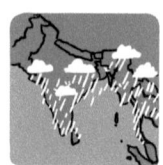

monsoonbrɛ

季風

nsuyiri

洪水

aise

冰

ɔpɛpɔn

一月

ɔgyefoɔ

二月

ɔbɛnem

三月

Oforisuo

四月

Kotonimaa

五月

Ayɛwohomumu

六月

Kitawonsa

七月

ɔsanaa

八月

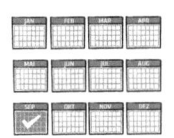

ɛbɔ
九月

Ahinime
十月

Obubuo
十一月

ɔpɛnimaa
十二月

abosuo
形狀

kanko
圓形

sokwɛɛ
正方形

rɛktangel
長方形

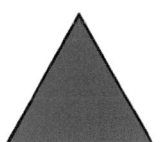

triangel
三角形

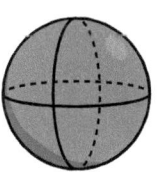

krukruwa
球體

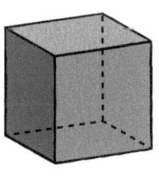

adaka
立方體

fitaa

白

akokɔ sradeɛ

黃

ankaa

橙

pink

粉

kɔkɔɔ

紅

pɛpol

紫

bruu

藍

ahaban mono

綠

braun

棕

nson

灰

tuntum

黑

pii / ketewa

很多/少許

wo boafu / wɔ adwo

生氣/平靜

ɛyɛ fɛ / ɛyɛ tan

美/醜

ahyɛseɛ / awieɛ

首/尾

kɛseɛ / esua

大/小

ɛha / esum

明/暗

nuabarima / nuabaa

兄弟/姐妹

ɛho te / ayɛ fin

乾淨/骯髒

awie / enwieɛ

完整/缺失

awia / anadwo

白天/晚上

awu / ɛte ase

死/生

emubae / ɛyɛ tea

寬/窄

yɛde /yɛnni

可食用/非食用

bɔne / tema

邪惡/善良

wɔ aniagye / wɔ ani nka

興奮/無聊

ɔso / teatea

胖/瘦

edikan / etwatoɔ

第一/最後

adamfoɔ / atamfo

朋友/敵人

ayɛ mma / hwee nim

滿/空

ɛdenden / mmerɛ mmerɛ

硬/軟

ɛyɛ duru / ɛyɛ ha

重/輕

ɛkɔm / nsukɔm

餓/渴

yareɛ / apomuden

生病/健康

etia mmara / ɛwɔ mmara mu

非法/合法

nyansa / gyimi

聰明/愚笨

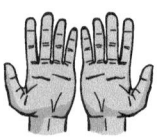

benkum / nifa

左/右

ɛbɛn / akyire

近/遠

foforɔ / dada

新/舊

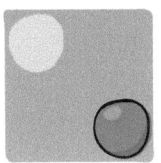

hwee / biribi

沒有/有些

wɔ anyini/ ɔsua

老/幼

sɔ /dum

開/關

bue / tom

打開/闔上

dinn / dede

安靜/吵鬧

ɔdefoɔ / ohia

富/窮

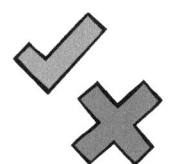

nifa / benkum

對/錯

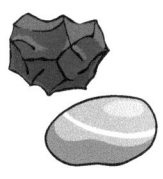

werewerɛwerewerɛ / trontron

粗糙/光滑

awerɛhoɔ / anigyeɛ

傷心/高興

tietia / tenten

短/長

nyaa / ntɛm

慢/快

afɔ / awɔ

濕/乾

dedɛɛdeɛɛ / adwo

溫暖/涼爽

akoo / asomdweɛ

戰爭/和平

0

hwee

零

1

baako

一

2

mienu

二

3

meɛnsa

三

4

ɛnan

四

5

enum

五

6

nsia

六

7

nson

七

8

nwɔtwe

八

9

nkron

九

10

edu

十

11

du-baako

十一

12
du-mienu

十二

13
du-meɛnsa

十三

14
du-nan

十四

15
du-num

十五

16
du-nsia

十六

17
de-nson

十七

18
du-nwɔtwe

十八

19
du-nkron

十九

20
aduonu

二十

100
ɔha

百

1.000
apem

千

1.000.000
ɔpepem

百萬

kasa ahodoɔ

語言

Brɔfo

英語

Amerikafoɔ Brɔfo

美式英語

Chainfoɔ Mandarin

普通話

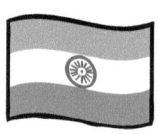

Hindi

印地語

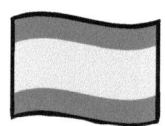

Spainfoɔ kasa

西班牙語

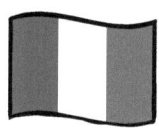

French kasa

法語

Arabia kasa

阿拉伯語

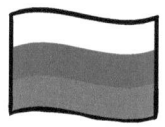

Russianfoɔ kasa

俄語

Portugalfoɔ kasa

葡萄牙語

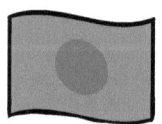

Bengali

孟加拉語

Germanfoɔ kasa

德語

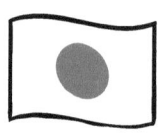

Japanfoɔ kasa

日語

Me

我

wo

你

ono

他/她/它

yɛn

我們

wo

你們

ɔmmo

他們

hwan?

誰？

deɛ bɛn?

什麼？

ɛyɛ deɛn?

如何？

ehen?

何處？

dabɛn?

何時？

edin

名字

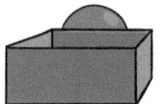

akyire

後面

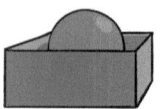

emu

裡面

anim

前面

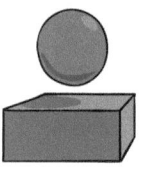

εsoro

上方

εso

上面

aseε

下麵

nkyεn

旁邊

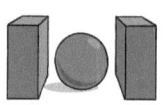

ntεm

中間

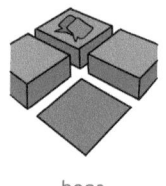

beaε

地點